Afi te cuenta...

DESCUBRE Y COLOREA

LA FIBROMIALGIA

A todas las personas valientes que, como yo, conviven con la fibromialgia y, en algún momento, se han sentido perdidas al explicarla. Que este libro sea una pequeña luz en ese camino, una herramienta para que os sintáis más comprendidos/as y un puente para acercar vuestra historia a quienes os rodean. Porque la comprensión alivia y compartir... nos hace un poquito más felices.

Alicia

¡¡Hola, amigui!!

Soy AFI, y quiero invitarte a conocer mi mundo. Algunas personas, como yo, sentimos nuestro cuerpo diferente, aunque por fuera parezca que todo está bien.

En este libro te voy a contar mi historia, para que descubras cómo es la fibromialgia y cómo me siento. A veces, me siento con cansancio o con dolor, aunque por fuera parezca que estoy bien. Pero eso no significa que deje de ser yo, ni que no pueda disfrutar de las cosas bonitas de la vida.

Acompáñame en esta historia donde podrás descubrir qué es la fibromialgia. Además, podrás colorear mientras aprendes cosas nuevas. ¡Será una aventura juntos!

¿Qué es la fibromialgia?

Imagínate que el cuerpo es como una banda de música muy famosa, ¡como Los Beatles! Pero en la fibromialgia, los instrumentos no siempre suenan como deberían. A veces la batería va demasiado rápido, la guitarra suena muy bajito y el cantante olvida la letra de la canción.

Esto hace que me sienta con cansancio y con dolor, aunque no haya ninguna herida que puedas ver. Es como si mi cuerpo intentara tocar una canción muy bonita, pero algunos días la música suena desafinada y desordenada. Aun así, la banda sigue tocando, ¡y yo sigo adelante!

Cómo se siente el dolor

El dolor de la fibromialgia es como si estuviera jugando en el parque y, de repente, me cayera del columpio... ¡pero sin haberme caído! Mi cuerpo siente el golpe, aunque nadie lo haya visto y no tenga ninguna herida ni moratones.

A veces es como un pequeño tropezón del que me recupero rápido... y otras es como si bajara por el tobogán demasiado rápido y aterrizara de golpe. No se ve por fuera, pero está ahí, haciéndome sentir cansancio y con molestias en todo el cuerpo. Pero igual que en el parque, con descanso y paciencia, ¡siempre hay una forma de volver a jugar!

La niebla mental o "fibro-niebla"

De vez en cuando, siento que una gran nube se posa sobre mi cabeza. Es como si dentro de mi mente todo estuviera cubierto de niebla, haciendo que recordar cosas o prestar atención fuera más difícil. Las palabras juegan al escondite, los pensamientos caminan despacito y me cuesta concentrarme.

A esto se le llama "fibro-niebla".

Pero no pasa nada, porque igual que después de un día gris el sol vuelve a salir, con descanso, cariño y un poquito de paciencia, la nube se va alejando poco a poco, y el sol vuelve a brillar.

Las noches que no descansan

Dormir bien es como cargar la batería de un juguete. Cuando duermes profundo, tu cuerpo se llena de energía para jugar y aprender al día siguiente. Pero a veces, aunque me acueste temprano y cierre los ojos, mi sueño no es como debería. Es como si mi batería no se cargara del todo, y al despertar, sigo sintiendo cansancio.

Por eso, hay días en los que necesito más tiempo para despertarme y moverme, como si mi cuerpo no quisiera activarse y siguiera en modo "sueño". Pero aunque a veces me cueste empezar el día, sigo siendo yo, y siempre quiero compartir momentos bonitos con quienes me quieren.

Cuando mi cuerpo es un robot

Por las mañanas, mi cuerpo a veces se siente como un robot que necesita un poquito de aceite para moverse bien. Mis brazos, mis piernas y mi espalda están duros, como si fueran de madera, y me cuesta empezar a caminar o jugar.

Pero, poco a poco, con movimientos suaves y un poco de paciencia, mi cuerpo se va despertando y empieza a moverse mejor. Aunque necesite más tiempo para empezar el día, sigo siendo yo. Y lo que más me gusta en el mundo es hacer cosas bonitas con las personas que quiero.

Los días buenos y los días no tan buenos

Mi energía es como un semáforo. Algunos días está en verde, y puedo jugar, correr y hacer muchas cosas. Otros días cambia a amarillo, y tengo que ir más despacito. Y hay días en los que se pone en rojo, y necesito parar y descansar para recuperar fuerzas.

A esto se le llama "días buenos y días no tan buenos". A veces tengo días llenos de energía y otras veces días en los que necesito descansar más. Pero, aunque tenga que parar un ratito, sigo siendo yo y siempre quiero estar cerquita de quienes me quieren.

Las emociones y el apoyo

A veces me siento como un globo que sube y sube, pero de repente pierde aire y baja despacito sin poder evitarlo. Quiero seguir volando alto, pero me quedo sin fuerzas y eso me hace sentir frustración o tristeza. Y está bien sentirse así, porque todas las emociones son importantes.

¿Te cuento un secreto? Al igual que un globo puede inflarse de nuevo con aire y paciencia, yo también puedo recuperar mi energía con descanso y cariño. Un abrazo, una sonrisa o unas palabras bonitas son como un soplido de aire que me ayuda a seguir adelante.

Ahora que ya lo sabes...

La fibromialgia es como un día en el parque. A veces puedes correr, trepar y jugar sin parar, pero otras veces los columpios van muy despacio o el tobogán está mojado y hay que esperar. No siempre puedo jugar de la misma manera, pero sigo siendo yo.

El cariño y la comprensión son como un buen amigo en el parque: alguien que te espera, te acompaña y se divierte contigo, ya sea corriendo o simplemente viendo las nubes pasar. Lo importante no es correr más rápido, sino seguir jugando juntos de la mejor manera posible.

Como en un juego, hay momentos para correr y otros para hacer una pausa, ¡pero lo importante es seguir disfrutando!

¡Nos vemos en la próxima aventura!

Agradecimientos:

NEURAXPHARM®

Por confiar en nuestro proyecto y ayudarnos a sacarlo adelante. En Neuraxpharm se dedican a mejorar la vida de personas con afecciones del Sistema Nervioso Central. Colaboran con asociaciones de pacientes y desarrollan materiales y acciones especiales que podéis encontrar accediendo al área de pacientes de la web de Neuraxpharm:

www.neuraxpharm.com/es/area-pacientes

A little too much.

A Paula Checa y Nicolás Pérez-Enciso, fundadores de *A little too much*, por dar vida a Afi y acompañarnos con creatividad, sensibilidad y profesionalidad en cada paso. A little too much. es una agencia creativa en Madrid que cuenta historias con amor. Gracias por formar parte de la nuestra.

www.alittletoomuch.es

Gracias, gracias, gracias.

A cada una de las 154 personas mecenas que habéis hecho posible este proyecto con vuestra aportación a través del crowdfunding de Verkami.

Vuestro apoyo nos mueve.

www.afibrom.org/afi-te-cuenta

Gracias a todas las personas que hacéis posible AFIBROM. A quienes habéis compartido nuestro proyecto hasta convertirlo en una realidad. A todo el voluntariado y a sus familias, y muy especialmente a la mía. Por estar siempre. ♡